Ven a México

por Susan Ring

Consultant: Colin MacLachlan, Professor of Latin American History,
Tulane University

Libros
sombrilla
amarilla®
para lectores principiantes

Libros sombrilla amarilla are published by Red Brick Learning
7825 Telegraph Road, Bloomington, Minnesota 55438
http://www.redbricklearning.com

Editorial Director: Mary Lindeen
Senior Editor: Hollie J. Endres
Senior Designer and Illustrator: Gene Bentdahl
Photo Researcher: Signature Design
Developer: Raindrop Publishing
Consultant: Colin MacLachlan, Professor of Latin American History, Tulane University
Conversion Assistants: Katy Kudela, Mary Bode

Library of Congress Cataloging-in-Publication Data
Ring, Susan
  Ven a México / by Susan Ring
      p. cm.
  ISBN 13: 978-0-7368-7349-9 (hardcover)
  ISBN 10: 0-7368-7349-X (hardcover)
  ISBN 13: 978-0-7368-7423-6 (softcover pbk.)
  ISBN 10: 0-7368-7423-2 (softcover pbk.)
  1. Mexico—Juvenile literature. I. Title. II. Series.
  F1208.5.R56 2005
  972—dc22

                                        2005016207

Adapted Translation: Gloria Ramos
Spanish Language Consultant: Anita Constantino

Photo Credits:
Cover: Jupiter Images; Title Page: Corel; Page 2: Tomas Bravo/Reuters Photo Archive; Page
4: Corbis; Page 5: Danny Lehman/Corbis; Page 6: Tom Pidgeon/AP/Wide World Photos; Page
7: Ellis Neel; Alamogordo Daily News/AP/Wide World Photos; Page 8: Robert Holmes/
Corbis; Page 9: James Marshall/Corbis; Pages 10–13: Corel; Page 14: Natalie Caudill/KRT;
Page 15: Corel

1 2 3 4 5 6 11 10 09 08 07 06

Contenido

¡Bienvenidos!

¡Bienvenidos a México! El Español es el idioma nacional de México. México es un país grande que está al sur de los Estados Unidos.

Mapa de México

ESTADOS UNIDOS

MÉXICO

Gulfo
de
México

Océano

Pacífico

★ México, Distrito Federal

La tierra

México es un país de montañas, desiertos, y playas. La gente que vive cerca de la playa puede nadar o bucear casi todos los días. Los turistas también visitan las playas.

En México hay muchas granjas. Esta granja está en una zona donde llueve mucho. En este terreno fértil, los granjeros cosechan maíz, frijoles y fruta.

¡Fiesta!

En México hay muchas celebraciones o fiestas. Una manera de celebrar es rompiendo una **piñata**. La piñata se puede llenar con dulces y juguetitos.

Una fiesta no está completa sin música o baile. Estas niñas, que llevan vestidos de colores brillantes, están presentando un baile tradicional en una fiesta.

Comida

El olor de **tortillas** frescas llena el aire. Una tortilla se hace de harina de maíz o de trigo. La gente las llena con carne, frijoles y queso.

Otra comida popular de México es la **salsa**. La salsa se hace de tomate, cebolla y chile. Puede ser picante o poco picante. De cualquier manera, ¡es deliciosa!

El pasado de México

En México, se pueden ver las ruinas de ciudades antiguas. Los **Mayas** construyeron esta gran pirámide, en Yucatán, que se llama El Castillo.

Los **Aztecas** vivieron en México hace casi 700 años. Los conquistadores españoles destruyeron sus ciudades. Hoy día todavía se pueden ver las ruinas de los templos y del arte Azteca.

Ciudades modernas

La ciudad más grande de México es la
Ciudad de México. Es la capital del país.
Allí hay muchos edificios altos, mercados
muy ocupados y mucho tráfico.

Hay muchas clases de edificios diferentes en las ciudades de México. Algunos se construyeron hace cientos de años y otros son nuevos. En las ciudades mexicanas lo viejo y lo nuevo se encuentran lado a lado.

Las artes

México produce más plata que cualquier otro país del mundo. La plata se extrae desde la profundidad de la Tierra. Los artistas mexicanos usan la plata para crear joyería hermosa.

Los artistas mexicanos están muy orgullosos de su artesanía. Cada mexicano está orgulloso de su país y de su cultura. ¡Quizás algún día puedas visitar este gran país y descubrirlo tú mismo!

Glosario

Aztecas un pueblo, cuyo imperio poderoso dominó a México central, desde el siglo14 al siglo 16

Mayas un pueblo, cuyo imperio dominó la península yucateca hasta parte de Centro América

piñata un recipiente decorado de papel, que está lleno de dulces y juguetitos; se rompe durante una fiesta

salsa comida mexicana hecha de tomate, cebolla y chiles

tortilla panecillo redondo y plano, hecho de harina de maíz o trigo

Índice

Word Count: 390
Guided Reading Level: K